Made in the USA
Monee, IL
02 February 2023

27000252R00073